Inhalt

Geschäftsprozessmanagement - ein probates Mittel, um Prozesse effizienter zu gestalten?

Kernthesen

Beitrag

Fallbeispiele

Weiterführende Literatur

Impressum

Geschäftsprozessmanagement - ein probates Mittel, um Prozesse effizienter zu gestalten?

I. Lukmann

Kernthesen

- Der schnelle Wandel der Märkte erfordert es, dass Unternehmen die eigenen Geschäftsprozesse fortwährend weiterentwickeln und optimieren. (6), (7)
- Dabei können, mit Hilfe des Ansatzes des Geschäftsprozessmanagements (GPM), strategisch relevante Ablaufprozesse im Unternehmen nachhaltig verbessert werden. (1), (8)
- Die Umgestaltung der internen Abläufe

kann durch folgende Methoden unterstützt werden: Der Ansatz des Business-Process-Reengineering (BPR), der zur Erneuerung von Prozessen nützlich ist; sowie die Ansätze Total-Cycle-Time (TCT), (KVP/KAIZEN) oder Six Sigma, die eine kontinuierliche Verbesserung der erneuerten Prozesse ermöglichen. (3)

Beitrag

Unternehmen können durch ein gut durchgeführtes Geschäftsprozessmanagement auf effiziente Weise firmeninterne Abläufe langfristig optimieren. Ziel des GPM-Ansatzes ist es, beispielsweise auf Veränderungen innerhalb des Unternehmens schneller und angemessener reagieren zu können, die Prozessgestaltung der internen Abläufe zu optimieren sowie allgemein die Komplexität von Geschäftsprozessen zu beherrschen. (1), (8)

Die Aufgabe des GPM besteht darin, alle Prozesse der Wertschöpfungskette im Hinblick auf alle anfallenden Tätigkeiten, sowie der dabei ermittelten Daten zu analysieren. Anschließend werden die Prozesse und Daten auf die bestehenden Unternehmensziele, hinsichtlich operativer und strategischer Ausrichtungen hin, analysiert. Diese

Ergebnisse, und die sich daraus entwickelnden Handlungsrichtlinien, werden fortlaufend gemessen und gegebenenfalls verbessert. In diesem Zusammenhang wird auch von Process Lifecycle Management gesprochen. (6), (7)

Unternehmen sollten das GPM nicht nur dazu nutzen, einmalig einige ihrer Prozesse optimieren zu lassen. GPM sollte vielmehr als Daueraufgabe verstanden werden, da nur dann ein nachhaltiger Erfolg des GPM sichergestellt werden kann. Dies liegt daran, dass die positiven Effekte im Unternehmen erst nach zwei bis drei Jahren auf allen Ebenen übergreifend erkennbar werden. Der Einsatz des GPM-Ansatzes kann jedoch auch kurzfristige Erfolge im Unternehmen erzielen; wobei die so genannten quick hits, das heißt rasche und einzelne Verbesserungen, in der Unternehmenskultur zu starker positiver Akzeptanz führen können. (6)

Methoden zur Verbesserung des GPM

Die Prozesse im Unternehmen können mit Hilfe folgender Methoden verbessert werden. Zum einen können durch den Ansatz Business-Process-Reengineering (BPR) die Prozesse im Unternehmen erneuert werden. Anschließend können mit Hilfe des Ansatzes Total-Cycle-Time (TCT), (KVP/ KAIZEN) oder Six Sigma die eingeführten Prozessvorgaben kontinuierlich verbessert werden. (3)

Prozesserneuerung

Die Umsetzung eines effizienten und erfolgreichen Geschäftsprozessmanagements macht es notwendig, dass für das Unternehmen zunächst ein so genanntes gewichtetes Geschäftsprozess-Portfolio (GPZP), bei dem entsprechende Leistungsdaten erstellt werden, entwickelt wird. Prozesserneuerungen werden in der Regel nur für solche Geschäftsprozesse angestrebt, die für das Unternehmen eine strategische Bedeutung, und im Vergleich zum Wettbewerb, einige Leistungsdefizite aufweisen.

Nach Abschluss der Prozesserneuerung im Unternehmen ist davon auszugehen, dass die Prozesse noch suboptimal umgesetzt werden. Daher ist es ratsam, im Anschluss an die Phase der Prozesserneuerung, direkt in die nachfolgende Phase der Prozessverbesserung überzugehen. (3)

Prozessverbesserung

Die an die Prozesserneuerung anschließende Phase der Prozessverbesserung dient dazu, Probleme, Schwachstellen und Fehler von Prozessen, die im Rahmen der Prozesserneuerung angefallen sind, herauszufinden und effizienter zu gestalten. Dies kann mit Hilfe von drei verschiedenen Methoden umgesetzt werden: TCT, KVP/KAIZEN und Six Sigma, die sich bezüglich der möglichen Anwendungsfehler und verschiedener Akteure voneinander unterscheiden.

1. TCT und KVP/KAIZEN
-Die beiden Methoden wirken im Verbesserungsprozess auf ähnliche Weise.
-Die beiden Methoden ermöglichen es, dass Leistungen im Unternehmen hinsichtlich Qualität, Zeit und Kosten optimiert werden können.
-Das Unternehmen lernt, aktiv alle Prozesse zu verbessern, sodass zeitgleich sowohl die Motivation, als auch die Identifikation der Mitarbeiter mit dem Unternehmen deutlich verbessert werden kann.

2. Six Sigma
-Im Gegensatz zu den oben genannten Methoden, die sich auf die operativen Prozesse konzentrieren, wirkt sich die Methode des Six Sigma übergreifend auf alle

Prozesse des Unternehmens aus.
-Die Ziele dieser Methode sind unter Anderem eine Reduzierung von Prozessvariationen und Kosten sowie eine Steigerung der Kundenzufriedenheit.

Parallel zur Implementierung und Verbesserung aller Geschäftsprozesse im Unternehmen empfiehlt es sich, unterstützend zu diesen Methoden, die Planung, Kontrolle und Steuerung des GPM durch ein Prozesscontrolling umzusetzen. (3)

Prozesscontrolling

Das Prozesscontrolling sammelt Daten und Informationen zum aktuellen Stand des Geschäftsprozessmanagements im Unternehmen. Neben der Informationsversorgung ist das Ziel des Prozesscontrollings die Definition von Leistungsparametern sowie den entsprechenden Messgrößen. Anschließend findet bei Abweichungen eine Ursachenanalyse mit abschließenden Empfehlungen möglicher Korrekturmaßnahmen statt. Diese werden an alle zuständigen Geschäftsprozessverantwortlichen weitergeleitet.

Die zunehmend funktionsorientierte Entwicklung des Controllings kann sich bei der Umsetzung des GPM jedoch auch als hinderlich erweisen, da notwendige Querschnittsbetrachtungen und Verknüpfungen von Prozessen innerhalb des Unternehmens versäumt werden. Eine allmähliche Übergabe sämtlicher Ziel- und Ergebniswerte des Prozesscontrollings an das Prozessmanagement wäre daher sinnvoll. Im gleichen Zug sollte das Prozesscontrolling eine Prozesskostenrechnung, Prozesskennzahlen sowie ein Prozessreporting einführen. Hierdurch könnte eine mittelfristige Planung des GPM umgesetzt werden. Dies könnte maßgeblich zur Effizienzsteigerung des GPM beitragen. (1), (3)

Mögliche Ergebnisprobleme des GPM

Die Einführung von Geschäftsprozessmanagement-Systemen in Unternehmen kann auch dazu führen, dass keiner der erwarteten Effekte eintritt. Dies kann an folgenden Faktoren liegen:

1. Effektivitäts-, Qualitäts- und Zeitprobleme: Dies sind Faktoren, die genereller Natur sind, und daher mit geringem Aufwand verbessert werden können.

2. Kostensenkungsprogramme: Unternehmen nutzen häufig die Methode des GPM dazu, Kosten im

Unternehmen rasch zu senken. Da GPM jedoch kein Kostensenkungsprogramm darstellt, kann aus den Prozessverbesserungen kein nachhaltiger Erfolg für das Unternehmen generiert werden.

3. GPM ohne passgenaue Aufbauorganisation: Die Umsetzung des GPM erfordert eine Veränderung in der Struktur einer Organisation. Dies ist deshalb sinnvoll, weil die Neugestaltung von Prozessketten dazu führt, dass Abteilungsgrenzen unterbrochen werden müssen. Andernfalls würden Prozessinseln entstehen, die von verschiedenen Aufgabenträgern geführt wären. Diese so genannten funktionsorientierten Organisationsstrukturen fördern diese Form der Brüche in den Schnittstellen. Das heißt, dass für eine erfolgreiche Umsetzung des GPM eine prozessorientierte Organisationsstruktur notwendig ist. (1), (3), (5)

Fallbeispiele

T-Mobile International hat mit Hilfe eines strukturierten Geschäftsprozessmanagements die hauseigene Personalabteilung in einen professionellen internen Dienstleister umgewandelt. Die Personaler haben zunächst die eigenen Prozesse und Kernaufgaben Rekrutieren, Entwickeln und Platzieren von Mitarbeitern inhaltlich analysiert, und anschließend Konzepte entwickelt, welche die internen Geschäftsprozesse so optimiert haben, dass die Personalabteilung nun in der Lage ist, ihr Knowhow in anderen Bereichen des Unternehmens einbringen zu können. (5)

Das mittelständische Unternehmen Winkler Design GmbH & Co KG, Hersteller von Bordküchen und Betriebskantinen, möchte in seinem Betrieb die ERP-Software (Enterprise Resource Planning) von SAP einsetzen. Zuvor werden jedoch im Rahmen des Geschäftsprozessmanagements alle Abläufe im Unternehmen durchleuchtet und Verbesserungsmöglichkeiten gesammelt. GPM wird in Großunternehmen tagtäglich angewendet und fasst nun zunehmend auch im Mittelstand Fuß. Ein Grund hierfür ist, dass mittelständische Unternehmen viele Prozesse bisher intuitiv organisiert haben. Bei der Einführung von Software, wie der oben genannten ERP-Software, werden die Geschäftsabläufe nun jedoch zunehmend vom PC aus organisiert. Die entsprechenden Programme folgen einer vordefinierten Programmlogik, sodass bestimmte Prozessschritte durch das Programm festgelegt sind. Dies kann jedoch die Unternehmensprozesse unflexibel werden lassen. Das heißt, dass vor allem mittelständische Unternehmen, vor der Einführung solcher Software die eigenen Prozesse, vor allem im Hinblick auf Unternehmensziele und unternehmensspezifische Eigenheiten, gründlich analysiert werden sollten. (4)

Weiterführende Literatur

(1) Schnelligkeit und Flexibilität als Ziel
aus Frankfurter Allgemeine Zeitung, 27.02.2006, Nr. 49, S. 22

(2) Geschäftsprozessmanagement gewinnt weiter an Bedeutung / Studie mit 176 Unternehmen aus Deutschland, Österreich und der Schweiz wieder ein voller Erfolg
aus news aktuell, 2006-02-17

(3) Geschäftsprozessmanagement ist keine Einmalaktion
aus Versicherungswirtschaft, 15.10.2005, 60.Jg., Nr. 20, S. 1566

(4) Von den Besten lernen Was bislang vor allem Großfirmen nutzen, macht jetzt auch Mittelständler fit: konsequentes Geschäftsprozessmanagement.
aus Impulse vom 01.04.2005, Seite 118

(5) Wenn jeder etwas anderes will
aus Handelsblatt Nr. 035 vom 17.02.06 Seite k06

(6) Daueraufgabe
aus Maschinenmarkt Nr. 31/32 vom 08.08.2005

(7) GPM-Tool Geschäftsprozesse zum Leben erwecken
aus INDUSTRIE SERVICE, Heft 5, 2005, S. 40

(8) »Die Motivation der Mitarbeiter muss stimmen«
aus Impulse vom 01.04.2005, Seite 121

Impressum

Geschäftsprozessmanagement - ein probates Mittel, um Prozesse effizienter zu gestalten?

Bibliografische Information der deutschen Nationalbibliothek

Die Deutsche Nationalbibliothek verzeichnet diese Publikation in der deutschen Nationalbibliografie; detaillierte bibliografische Daten sind im Internet über http://dnb.d-nb.de abrufbar.

ISBN: 978-3-7379-0184-0

© 2015 GBI-Genios Deutsche Wirtschaftsdatenbank GmbH, Freischützstraße 96, 81927 München, www.genios.de

Alle Rechte vorbehalten. Dieses Werk ist einschließlich aller seiner Teile – z.B. Texte, Tabellen und Grafiken - urheberrechtlich geschützt. Jede Verwertung außerhalb der Grenzen des Urheberrechtsgesetzes bedarf der vorherigen Zustimmung des Verlags. Dies gilt insbesondere auch für auszugsweise Nachdrucke, fotomechanische

Vervielfältigungen (Fotokopie/Mikroskopie), Übersetzungen, Auswertungen durch Datenbanken oder ähnliche Einrichtungen und die Einspeicherung und Verarbeitung in elektronischen Systemen.